NÄCHSTER HALT: DAS LEBEN

Manchmal frage ich mich,
ob wir beide, du in deinem
Bett und ich auf meinem
unbequemen Stuhl,
in diesen Tagen
nicht ein
seltsames Spiel
miteinander spielen.

(Kreideaufschrift auf der Tür des ehemaligen
Kunsthauses Tacheles in Berlin,
Juni 2012, Verfasser unbekannt)

Ines Langs

NÄCHSTER HALT: DAS LEBEN

Eine Reise durch Traum und Zeit
und Wirklichkeit

Bibliografische Information der Deutschen Nationalbibliothek:
Die Deutsche Nationalbibliothek verzeichnet diese Publikation in der Deutschen Nationalbibliografie; detaillierte bibliografische Daten sind im Internet über http://dnb.de abrufbar.

© 2016 Ines Langs

Bilder: Ines Langs (außer S. 23: Ronald Winning)

Herstellung und Verlag:
BoD – Books on Demand, Norderstedt

ISBN: 978-3-7412-7672-9

Inhalt

Beobachtungen   7 – 13

Gedanken   15 – 23

Freundschaftsbande   25 – 35

Liebespein   37 – 43

Traumgebilde   45 – 53

English Poems   55 – 67

Beobachtungen

Blinde Fahrt

"Gegenüber sitzt ein junger Mann."
Sie sieht ihn an,
doch sieht ihn nicht.
In ihre Augen dringt kein Licht.

Eine Stimme neben ihr erklärt,
und sie erfährt,
was sie nicht sieht,
was in der Welt um sie herum geschieht.

Schöne Bilder steigen in ihr auf.
Sie nimmt in Kauf
die Dunkelheit,
die für den Blick nach innen sie befreit.

Stilles Wasser

Du bist da,
ein Geheimnis,
sitzt einfach da,
sagst nichts.
Augen geschlossen,
schließt du die Welt aus.
Ruhe an der Oberfläche,
wie tief reicht sie?
Sanftes Gesicht
mit hartem Zug.

Flieder im April

Ich riech den Flieder im April.
Darüber wird mein Sinnen still,
steh staunend ich am Wegesrand,
wo ich dies Blütenwunder fand.

Der Duft so reich, verheißungsvoll,
vertreibt mir Grübelei und Groll.
Mir steigt ein Sehnen in die Brust
nach Liebe, Licht und Lebenslust.

Zu teilen wünsch ich den Moment,
der sich in meine Seele brennt,
mit Menschen, die mir teuer sind,
bevor im Zeitfluss er zerrinnt.

Betrachtung

Auf der Fahrt durch Eifellandschaft
mach ich innige Bekanntschaft
mit dem geist'gen Element,
das man Seelenfrieden nennt.

Sanft geschwung'ne Hügel grüßen,
atmen Nebel, schweren, süßen,
der sich zögerlich nur hebt,
über Wald und Acker schwebt.

Zugedeckt vom Dunste träumen
Dörfer, dicht umstellt von Bäumen,
bis ein Sonnenstrahl sie neckt
und die Landschaft zärtlich weckt.

Herbst in der Stadt

Der Wind treibt mich durch die Stadt und Blätter vor sich her. Die ersten, die der Herbst als Opfer forderte.
                  Am Stadtpark riecht's nach frisch gemähtem Gras.
    Frischer Wind, frischer Duft, frische Gedanken.

Der Wind fegt durch die Ritzen in den Mauern des maroden Münsters und lässt das Wasser waagrecht spritzen am kleinen Brunnen davor.

Der Wind trägt Klänge an mein Ohr:
Das Lachen eines Kindes.
        Die Stimme eines Straßenmusikanten –
            er singt mehr schlecht als recht
                die altbekannten Lieder:

    Like A Rolling Stone und Let It Be.

        Das vielstimmige Brummen der Motoren am Busbahnhof.

Die Sonne tut, als könne sie noch sommerlich wärmen durch die Fensterscheiben des Busses.

        Schöner Schein.

Winterschutz

Ganz plötzlich riecht die Luft nach Winter,
und kälter dringt sie durch den Stoff
der Jacke, macht den Schritt geschwinder.
Es wirkt die Welt nun schroff.

Noch gestern stand der Herbst im Glanze,
und golden gab Oktober sich
an alle, lud die Welt zum Tanze.
Das Leichte heut' entwich.

Nun gilt es, Quellen uns zu finden
des Lichtes, das uns Wärme schenkt
im Innern, um nicht zu erblinden.
Der Geist die Seele lenkt.

Gedanken

Zeitumstellung

Uhrlos - Ruhlos durch den Tag.
Welche Uhrzeit ist jetzt, sag?
Fühl am Handgelenk mich nackt
und die schiere Panik packt
mich, wenn ich daran denke,
dass ich wohl gar Zeit verschenke,
derer ich doch viel nicht hab.
Oh, ich fühl, es geht bergab!
Sag, wie soll das denn nur enden?
Soll ich denn die Zeit verschwenden,
ohne ihren Lauf zu kennen,
ohne Hetzen, ohne Rennen?
Ja, wo komme ich denn hin,
wenn die Zeit mir aus dem Sinn
und aus den Gedanken schwindet?
Ob sich dann was andres findet,
dem mein Hirn sich widmen kann?
Sage mir: Was stünd' denn an?

Gedankenbeschwörung

Gedanken purzeln,
beraubt ihrer Wurzeln,
durch meinen Sinn,
wo fall'n sie hin?
Auf meine Nerven.
Wie sie entschärfen?
Wie ihnen nehmen
die unbequemen
Fragen ohne Ziel?
Mir wird's zu viel!
Ruhe erfahren,
Lebenskraft sparen,
das ist mein Traum.
Gebt mir doch Raum,
Ihr wirren Gespenster!
Fliegt hinaus zum Fenster
meiner müden Seele.
Folgt dem Befehle!
Lasst mir die Luft
zu erfahren den Duft
der Leichtigkeit,
die zur Liebe befreit.

Glückströpfchen

Sonnenregen glitzerfein –
was ist wahr und was ist Schein?
Siegt das Dunkel, wird es licht?
Träumst du oder nicht?

Vogelflug vor Wolkenspiel –
Ernst des Lebens oder Spiel?
Leicht wie Federn, schwer wie Stein?
Wie geht Glücklichsein?

Götterwind

Gedanken fliegen

    ins Nirwana

        dem Vogel nach,

    dessen Schwingen

        Götterwind trägt.

Schwingen

Und wenn ich in die Luft mich schwänge,
nicht achtend all der Angstgesänge,
und flög ganz einfach fort
zum Seelenheimatort:

Was würden dann die Greise sagen,
die schon in ihren jungen Tagen
vergreist die Welt besah'n,
stets folgend gleicher Bahn?

Wär Zorn und Schmähung mir beschieden?
Würd ich fortan als Feind gemieden,
verbannt aus ihrem Kreis?
Wer weiß, wer weiß, wer weiß?

Im Innern könnt auch Neid sie plagen,
es könnten sie Gespenster jagen
aus längst verdrängter Zeit
der Jugendleichtigkeit.

Aus Tagen, als die Wahl sie hatten,
dem Licht zu folgen statt der Schatten,
als alles möglich schien,
als Träume noch gedieh'n.

Wann spürten sie die Flügel schwinden,
wann ihre Seele dann erblinden
in starr gebeugtem Gram?
Wann folgte wohl die Scham?

Die Scham, das Wollen nicht zu können.
Wieviele Träume wohl zerrönnen,
wenn Wagnis nicht gelingt
und in die Knie sie zwingt?

Dann lieber nicht mehr Traum gen eßen.
Viel besser war's, sich einzuschließen
in stark bewehrtem Turm,
zu trotzen jedem Sturm.

Dem Sturm, entfacht von starken Schwingen
der Seelen, die von Freiheit singen,
die sich das Licht bewahrt,
das ihnen offenbart.

Haiku

Regenbogenfleck

fein in Wolken eingewebt:

Sanfter Sonnenkuss.

Der Traum des Satyrs

Es träumt der Satyr
von goldenem Licht.
Im Reigen die Kür,
im Glanze die Pflicht.

Er würde gern tanzen,
im Lichte sich dreh'n.
Gelöst vom Ganzen
der Starre entgeh'n.

Er bleibt gefangen,
hängt fest dort im Raum.
Ins Licht gelangen
kann er nur im Traum.

Freundschafts-
bande

Trauerspiel

In ihre Augen zu schauen und zu sehen, dass ihr Dämon wieder von ihr Besitz ergriffen hat – das ist unfassbar traurig. So groß war die Hoffnung, diesmal könnte sie ihn besiegen, diesmal würde sie den Kampf endgültig für sich entscheiden. Ihre viel zu laute Stimme, ihr überdrehtes Lachen – Zeichen ihrer Niederlage.
Zwölf Wochen Therapie – verpufft im Nichts. Der in Aussicht stehende Arbeitsplatz – fraglich, ob sie ihn jetzt noch bekommen wird. Ihr Reflex der Sucht, den Rückfall zu verharmlosen – nicht überzeugend. Sie sagt, sie hat in der Therapie viel gelernt. Hat gelernt, ihr Verhalten zu reflektieren.
Doch was sie reflektiert, sind die Verfehlungen ihres Mannes. Er ist nicht da, kann seine Sicht der Dinge nicht darlegen, kann ihre Aussagen nicht bestätigen oder widerlegen. Es steht fest: er ist der Schuldige, er ist der Böse. Von ihr zu hören, er hätte sie geschlagen – das ist so schwer vorstellbar, passt nicht in das Bild, das ich mir von ihm gemacht habe. Aber ihr zu unterstellen, sie würde lügen oder das Geschehene dramatischer darstellen, als es sich zugetragen hat – das kann niemand wagen, ohne dabeigewesen zu sein.

Ich kann mir kein Bild machen. Ich kann nur mit Entsetzen zuhören, wie sie schonungslos offen erzählt, dass sie sich, als sie auf 180 war, wieder den Stoff besorgt hat, der sie runterbringen sollte – wenigstens auf 110. Soweit, dass sie in der Lage wäre, die Gäste, die sie für den Abend eingeladen hatte, zu empfangen. Stoff, den man nicht sofort riechen würde – Wodka oder „etwas in der Art". Aber wer um ihre Geschichte weiß und sie über längere Zeit erlebt hat, erkennt sofort die Anzeichen dafür, dass sie wieder „drauf" ist. Die einzig mögliche Reaktion derjenigen, die Zeuge ihres Zustandes werden – ein kaum hörbar gemurmeltes „Oh Gott!".

Die Gäste sitzen angesichts dieser Wendung betroffen am Tisch – unsicher, wie sie mit der Situation umgehen sollen. Und sie sitzt mitten drin und redet – redet, damit es nicht zu still ist im Raum. Sie erfleht Verständnis, doch sie ist auch voller Trotz. Sie rechtfertigt ihr Verhalten vor den anderen – im Grunde aber nur vor sich selbst. Sie ist auf der Suche nach Verbündeten. Doch die Anwesenden reden ihr nicht nur nach dem Mund. Sie erfährt zwar viel Mitgefühl und Bedauern, aber sie bekommt auch Dinge zu hören, die ihr gar nicht gefallen. Einer – ein Mann, mit dem sie mal liiert war – bringt es ohne zu beschönigen auf den Punkt: „Ich heiße es nicht gut, wenn ein

Mann eine Frau schlägt, und ich habe dich damals auch nie geschlagen, aber du bist durchaus in der Lage, einen Mann soweit zu bringen, dass er die Beherrschung verlieren kann."

Harte Worte – Worte, die ihr deutlich machen sollen: du bist selbst verantwortlich für das, was geschieht. Sie sagt, sie sieht das auch so, aber schon im nächsten Satz ist es doch wieder ihr Mann, der sie soweit gebracht hat, wieder zur Flasche zu greifen.

Auf die Bemerkung, dass sie damit alles zunichte gemacht hat, was sie mit der Therapie erreichen wollte, reagiert sie abwehrend. Nein, dieser Rückfall wäre keineswegs das Ende; man könne ja auch durch Umwege und Rückschläge lernen.

Es tut weh, erleben zu müssen, wie sehr sie sich an diese Vorstellung klammert – wie sie verzweifelt versucht, sich daran festzuhalten. Zu viel ist in den Jahren ihrer Sucht schon geschehen, als dass ich glauben könnte, es wäre so einfach, wie sie es darzustellen versucht. So sehr ich es ihr wünsche – der Glaube schwindet immer mehr, dass sie es schaffen wird. Der Glaube, der in den vergangenen Wochen wieder genährt und gestärkt worden war. An diesem Abend gibt es jedoch keine Möglichkeit mehr, sich noch weiter der Illusion hinzugeben, der vereinte Glaube von

Freunden könnte stärker sein als ihre Krankheit.

Was an die Stelle des Glaubens tritt, ist das Gefühl von Hilflosigkeit. Das Gefühl, ihr helfen zu wollen, und die bittere Erkenntnis, es nicht zu können. Der Wortwechsel: „Ist noch etwas in der Flasche?" – „Ja." – „Wäre es denn keine Möglichkeit, den Rest wegzuschütten?" – „Nein." läßt keinen Zweifel daran zu, dass es zu spät ist.

Was bleibt, ist, ihr zuzureden, sie solle einen ihrer Freunde anrufen oder zu einem von ihnen gehen, wenn sie merkt, dass sie in Gefahr ist zu trinken. Sie ist gerührt und verspricht, daran zu denken. Doch es klingen noch ihre Worte von einem früheren Zeitpunkt an diesem Abend nach: „Ich habe in der Therapie gelernt, was ich tun soll, wenn ich auf 180 bin, um wieder runterzukommen. Es gibt für jeden eine individuelle Methode, die jeder für sich herausfinden muss. Aber was nützt es mir, wenn ich eine Methode gefunden habe, wenn ich dann im Zustand der Rage gar nicht in der Lage bin, meinen Verstand zu benutzen und sie anzuwenden? Dann brauche ich eben den Alkohol, um erstmal soweit runterzukommen, dass ich überhaupt wieder denken kann." Soll ich also die Hoffnung aufgeben?

Vielleicht fiele es leichter, wenn die Zuneigung, die ich zu ihr gefasst habe, nicht so

groß wäre. Sie strahlt soviel Wärme und Licht aus – in ihren hellen, trockenen Phasen. Es ist nicht nachzuvollziehen, warum sie trotzdem immer wieder der Dunkelheit anheimfällt. Ich kann nur betroffen zuschauen, wie der Alkohol sie zerstört – wie sie sich zerstören lässt. Ich will ihr zurufen „Sei stark! Halt durch! Es gibt Menschen, die dich lieben und mögen. Du hast eine Familie, für die es sich lohnt, den Kampf gegen deinen Dämon weiterzuführen und dich nicht geschlagen zu geben."
Doch Sätze, am Telefon zu ihrem Mann gesprochen – im Beisein der Gäste – in der Art von „Es ist mir egal, ob du nach Hause kommst, ich will nur wissen, wie deine blöde Stereoanlage funktioniert, damit wir endlich Musik haben." wecken Befürchtungen, dass es diese Familie bald nicht mehr geben wird. Und was kommt dann?
Die Zukunft liegt im Dunkeln.

    Hoffentlich kommt von irgendwoher ein Funke, der Licht ins Dunkel bringt.

Puppenaugen

Aus dem Fenster schauen
mich die blauen Puppenaugen an,
ziehen mich sofort in ihren Bann.

Aus dem Puppenhaus
dringt zu mir heraus ein leiser Klang
und mir wird ums Herz ganz bang.

Meine Hoffnung schwindet.
Bald erblindet dieses Augenpaar
dessen Licht schon lang gebrochen war.

Freundschaftshilfe

Nur ein paar Minuten
Rettung vor den Fluten
von Mühsal und Last,
die dich reißend erfasst.

Die Seele kann gesunden,
sie braucht nicht viele Stunden,
nur eines Freundes Wort
an wohlvertrautem Ort.

Steinbruch (An einen guten Freund)

Aus deinen Augen die Müdigkeit spricht,
Erschöpfungsspuren im Gesicht.
Ein Anblick, der ins Herz mir sticht
So kenn ich dich noch nicht.

Dein Kampf, so scheint es, an dir zehrt,
die Zeichen sehe ich vermehrt
voll Sorge, und es scheint verkehrt.
Ich spür, du bist versehrt.

Möcht Hilfe dir und Stütze sein,
ihn von dir nehmen, diesen Stein,
zermahlen ihn zu Staub ganz fein,
verstreuen dann im Rhein.

Geraten

Ein guter Rat? Paranoid?
Wer weiß schon, was warum geschieht?
Schlag ich die Warnung in den Wind?
Wird's wahr, bin ich gebranntes Kind.

Bleibt's aus, hab ich dann Glück gehabt?
Ist sie vielleicht schon zugeschnappt:
Die Falle, die sie mir gestellt,
diese perfide, böse Welt?

Die Mahnung klingt mir noch im Ohr,
und Kälte kriecht daraus hervor,
in meine Knochen, bis ins Mark.
Und doch ist der Gedanke stark:

Ich will nicht glauben, dass es stimmt,
dass jemand es mir übelnimmt,
wenn ich so handle, wie ich's tu.
Drum hör dem Rat ich ruhig zu.

Bedanke mich, nehme ihn an,
obwohl ich's schwer ertragen kann,
und sage dann, voll Zuversicht:
Mich überzeugt das nicht.

Ibsen im Sinn (für Werner)

In der Flucht nach vorn liegt das Heil, sagte er
und schaute den Wolken hinterher.
In Gedanken schon beim nächsten Fall,
sah er doch Gespenster überall.
Nicht nur bei sich selbst, bewahre! Nein!
Auch and're bezog er mit ein,
gab ihnen die Botschaft mit auf den Weg:
"Nicht Sorge trage, überleg
dir lieber, was dich selbst angeht,
bevor dein Leben im Winde verweht."
Manch einer pflichtete ihm bei,
meinte: "Ja, das macht frei."
Manch einer jedoch tat sich wesentlich schwerer,
es gab doch einige derer,
denen Mitleiden etwas galt,
und zwar dergestalt,
mit einem Freunde zu leiden,
sich nicht darin zu bescheiden,
davon sich freizusprechen,
wenn diesen plagt ein Gebrechen,
das ihm das Leben erschwert
und seine Lebenskraft verzehrt.
Nein! Es kann nicht sein der Weisheit letzter Schluss,
dass dieses ist ein Muss:
Zu sorgen nur für sich allein,
um frei zu sein von fremder Seelenpein.
Es hat, wer liebt, auch diese Pflicht:
Zu sein dem Freunde Licht
in dessen Dunkelheit.
So will ich's halten allezeit.

Liebespein

Die Perlen des Pan

Gott Pan die schöne Nymphe sah,
es zog ihn zu ihr hin.
Er wollte bei ihr sein ganz nah,
es stand nach Liebe ihm der Sinn.

Es saß die Nymphe ganz allein,
und traurig war ihr Blick.
„Sag an, mein schönes Mägdelein:
Was konnte trüben dir dein Glück?"

Sie sah ihn an und schluchzte laut,
das Sprechen fiel ihr schwer:
„Ich war noch gestern eines Prinzen Braut,
doch heut sind meine Arme leer.

Er sprach zu mir, er ginge fort,
die Freiheit riefe ihn.
Ließ mich allein zurück an diesem Ort,
um unsrer Bindung zu entflieh'n."

Sie weinte ohne Unterlass,
ihr Leid schien grenzenlos.
Gott Pan, recht ratlos, dachte: ‚Was
bringt Trost dem schönen Mädchen bloß?'

Der Nymphe Lächeln war sein Ziel,
nach ihr sein Herz nun rief.
Sein Blick auf eine Pflanze fiel
mit vielen Blättern groß und tief.

Er nahm ein Blatt, ging zu ihr hin,
fing eine Träne damit ein.
Er sprach zu ihr: „Schau nur dorthin,
was du dort findest, es ist dein."

Sie schaute auf des Blattes Herz,
und das, was sie dort sah,
ließ sie vergessen ihren Schmerz,
die Wandlung in ihr schnell geschah.

Was in des Blattes Mitte lag?
Ganz rein und strahlend schön
trat eine Perle dort zutag,
und um die Nymphe war's gescheh'n.

Gott Pan umarmte sie ganz sacht,
küsst' einzeln ihre Tränen fort,
hat dann noch mehr mit ihr gemacht
an stillem, ganz verborg'nem Ort.

Minnesang

Hört des Sängers Minneworte!
Ein Troubadour besond'rer Sorte:
Furchtlos in des Baumes Krone
wählt er einen Zweig zum Throne.
Schaut herab aus dieser Höhe,
fürchtet nicht des Wand'rers Nähe.

Leuchtend gelb strahlt seine Brust,
und er singt mit großer Lust.
Ruft nach der Gefährtin sein,
flicht die Sehnsucht tief hinein
in die Verse, die er singt.
Oh, wie sanft und süß das klingt!

„Komm, Geliebte, komm zu mir!
Nur für dich ich musizier.
Schenke mir doch deine Gunst,
erhöre meine Sangeskunst!
Mein Herz leg ich in dieses Singen,
um dich, du Holde, zu erringen."

Liebesschmerz

Woher kam er,
dieser Stich ins Herz?
Wie entstand er,
dieser neue Schmerz?

Ein Verlangen
öffnet Herz und Sinn,
doch mit Bangen
geb ich mich ihm hin.

Hingezogen,
keine and're Wahl.
Seelenwogen
tragen süße Qual.

Bin getroffen,
Schmerz hat mich ereilt.
Kann nur hoffen,
dass mich Liebe heilt.

Mit geschlossenen Augen

Ich schließe die Augen,
um sie zurückzuholen:
die Momente,
in denen wir verstohlen
einander etwas gaben,
wonach wir beide Sehnsucht haben:
eines Körpers Nähe zu spüren
und die Wärme beim Berühren.
Es war nur ein kurzes Glück,
doch diese Momente
hol ich mir zurück
mit geschlossenen Augen.

Herzmusik

Es gibt Lieder, die quälen,
denn sie erzählen,
wie es ist,
wenn man sich sehnt.
Man vergisst,
wie die Zeit sich dehnt,
solang' das Herz ohne Last.
Doch fehlt ihm die Rast,
gerät alles ins Wanken,
stößt man an Schranken,
verliert den Halt
und die Gewalt
über Denken und Fühlen,
sitzt zwischen den Stühlen.

Traumgebilde

Realistin

Den samtigen Geschmack des Grappa noch auf der Zunge, spürte sie in sich hinein. Welchen Weg nahm der letzte Schluck? Den Weg, den die Schlucke vor ihm auch genommen hatten. Warm und leicht beißend die Kehle hinab und die Speiseröhre hinunter. Sie spürte diese Wärme kurz über dem Magen. Angenehm. Sie gönnte sich nicht oft diesen kleinen Genuss. Sie hob sich diese Empfindung für Tage auf, an denen es ihr gutging. Und heute ging es ihr gut. Sehr gut sogar. Warum? Sie wusste es selbst nicht so genau. Sie hatte es schon beim Aufstehen gespürt. Ein seltsames Gefühl hatte sich in ihrer Brust breitgemacht. Sie hätte am liebsten weinen wollen vor Glück. Doch sie weinte nicht. Sie lächelte. Das sah schöner aus, wenn sie in den Spiegel schaute. Das war etwas, was sie vor ein paar Wochen festgestellt hatte. Sie hatte noch nie narzisstische Neigungen. Eher das Gegenteil. Doch nun konnte es passieren, dass sie sich im Spiegel ansah und überrascht feststellte, dass sie gut aussah. Wenn sie lächelte. Sie lächelte nun häufiger. Sie hatte schon so viel geweint in ihrem Leben. Nun genoss sie die Abwechslung. Die Ruhe, die sie in sich spürte. Die Zweifel und Ängste schwiegen. Sie wusste nicht, wie lange das so sein würde. Sie wollte es auch nicht wissen. Der neue Zustand sollte, wenn es nach ihr ginge, noch lange anhalten. Es wäre vermessen gewesen zu verlangen, er möge für immer bleiben. Sie war zu sehr Realistin, um das als Möglichkeit anzunehmen. Aber sie erlaubte sich, davon zu träumen.

Sie hatte sich vor einiger Zeit ein Skizzenbuch gekauft. Es war schön. Es hatte dieses gewisse Etwas. Es gab ihr ein gutes Gefühl, den Einband zu berühren. Wenn sie das tat, dann war ihr, als könnte sie wunderbare Dinge auf seine Seiten zeichnen. Doch die Seiten waren immer noch leer. Unberührt. Sie hatte keine Idee, keine Eingebung. Sie konnte keinen der schönen Gedanken fassen, die sie beim Berühren des Buches hatte. Also wartete sie. Sie spürte, dass es irgendwann soweit sein würde. Dann würde sie das Buch einweihen. Sie würde etwas Besonderes zeichnen. Sie wusste, dass sie es konnte. Es würde zur richtigen Zeit geschehen.

Die letzten Nächte waren voll gewesen von sehr realistischen Träumen. Alles in diesen Träumen hatte eine besondere Dichte. Eine besondere Konsistenz. Jeder dieser Träume schien ihr etwas Bedeutsames mitteilen zu

wollen. Am nächsten Morgen waren die Erinnerungen daran erloschen. Was blieb, war ein Gefühl der Ruhe und Sicherheit. Ein Gefühl, angekommen zu sein. Aber auch ein Anflug des Bedauerns, dass sie die Traumbotschaften nicht zu entschlüsseln vermochte. Sie war dankbar für die Empfindungen, die diese Träume ihr brachten. Sie wollte weiter träumen. Sie wollte weiter die Kraft spüren, die sie daraus bezog. Denn sie wusste: mit dieser Kraft konnte sie alles schaffen.
Sie konnte fliegen.

Traumbilder

Ich bin im Freien. Bei mir habe ich mehrere Bilder, und ich bin dabei, weitere zu kreieren. Ich bin versunken in mein Tun. Das Wasser steigt. Ich habe es nicht kommen sehen. Plötzlich merke ich, dass das Wasser einige meiner Bilder mit sich fortträgt. Ich greife nach ihnen, springe ihnen hinterher, aber der Sog des Wassers ist zu stark.
Die Strömung entzieht mir den Halt. Ich will dagegen ankämpfen, aber ich habe Mühe, die Augen offen zu halten. Ich bin müde. Meine Arme und Beine gehorchen mir kaum noch. Wenn ich doch nur meine Augen öffnen könnte!
Und dann, mit einem Ruck, stoße ich mich vorwärts, hin zum Ufer.
Ich bin gerettet. Und mit mir eines meiner Bilder. Ich schaue es an.
Ich lächle.

Seelnotretter

Ich möcht' so vieles sagen,
doch wem kann ich erzähl'n
von Sorgen und von Fragen,
die mich im Traume quäl'n?

Es plagen mich Dämonen,
sie kommen nur bei Nacht.
In Dunkelheit sie wohnen,
denn dort haben sie Macht.

Die Macht, den Schlaf zu stören
mit düst'rer Bilder Flut.
Mein Kampf, er ist zu hören
für den, der bei mir ruht.

Er spürt mein ängstlich' Schlafen,
zieht mich ganz sanft heraus.
Er ist der sich're Hafen,
sein Licht führt mich nach Haus.

Nachtmahr

Ein Mann wollt' sich im Fluss ersäufen,
wollt' nicht noch weit'res Leid anhäufen.
Ertränken wollt' er seinen Kummer,
wollt' fallen in den ew'gen Schlummer.
Zu vieles musst' er schon erdulden,
es drückten ihn auch hohe Schulden.
Solch schwere Last sein Herz bedrückte,
dass es ihm wahrlich nicht mehr glückte,
das Licht im Leben zu verspüren.
Kein Weg schien aus der Nacht zu führen.
So stand er auf der Brücke oben,
verzweifelt Händ' und Kopf erhoben.
Da sprach ihn jemand an ganz leise:
"Geh nicht auf diese letzte Reise.
Ein Ende setz nicht deinem Leben.
Es will dir noch so vieles geben.
Lass mich dir einen Ausweg zeigen,
auf dass die bösen Geister schweigen,
die dich an diesen Abgrund führten
und die in dir die Zweifel schürten."
Durch seinen Körper ging ein Zittern.
Wie konnte er nur so verbittern?
Die Tränen lösten auf die Sorgen,
die er so lange hielt verborgen.
Es griff nun eine Hand nach seiner.
So hatte ihn berührt noch keiner.
Er ließ es zu, dass sie ihn fortzog,
und spürte, wie der Nachtmahr wegflog.

Heimsuchung I

Ich sehe und ich kenne dich.
Den ganzen Tag verfolg ich dich.
Dich wahrzunehmen, bin ich hier.
Dein Leben zeig ich nächtens dir.
Führ dich zurück durch Zeit und Raum.
Ich such dich heim. Ich bin dein Traum.

Heimsuchung II

Du glaubst zu sehen,
du Tor!
Und siehst doch nichts.
Nichts entsteht
durch deinen Blick.
Du glaubst zu träumen,
du Narr!
Und träumst doch nichts.
Nichts gebiert
dein Hirn im Traum.
Du wirst genommen,
oh Mensch,
vom Traum entführt.
Heimgesucht
in jeder Nacht.

English Poems

Worthless Tears

Your words
are not worth
the tears
that I shed.
So why
do I cry
at all?

Farewell

You're at the edge
of the abyss.
You fall and grab
my hand,
that I may hold you,
save you
from falling.
But I don't want to
be the one,
whose hand
you grab.
I don't even want
to be there,
don't even want
you to be there,
but far away,
but safe and well,
not at the abyss,
falling.
Close to you
I can't be,
and I don't
want to be.
I just want
to know that
you are well,
far away
from me.
Farewell.

Personal Night

With me, it's always been the same:
Wrapt up in anger, submitted to shame.
So often did I wish to cry out loud:
„Oh please, what is this all about?!"

There were no answers coming back to me,
just thoughts that made me doubt my sanity.
A desperate struggle for finding a light
to lead me out of my personal night.

Fragmented

At the gates of sleep,
fragments of thoughts leap
up to draw my attention,
causing physical tension.
They are chasing each
other, never to reach
an end or fulfillment.

Down the
gutter
they
all
went.

Poor Poet

On days like this,
I feel like I am
on the edge
of a creative burst.
Like I could paint
the world in
all its colours
or write a song
with lyrics
most brilliant.
Yet all of this
stays inside of me,
nudging me,
mocking me:
You'll never be
anything else
than a poor poet
with limited words.

Pas de Deux

In this pas de deux
        it's just poor old me
        and the storm of space
   in a tight embrace.

In a fervent dance
        we will take the chance
        to go high and clear,
   stripping off all fear.

Hypnotic

In my head there's an image
of fingers closing in on me.
I see them reach for me,
feel them pull at me.
Once, this used to be
outside my head,
a real physical threat.
It felt unbearable,
but made me feel comfortable,
somehow at least.
It did actually feast on me,
it ate up my energy,
leaving me in agony.
Now the only thing left
is the image in my head,
no more physical threat.
Has it left for good?
Did I withdraw its food:
my own apprehension,
the permanent tension?

Then why do I still see
this image inside of me?
Nagging me,
urging me
to let it get out again?
May my fight be in vain?
No, I won't let this come true!
I got a chance for a whole new start,
and I won't let this one part.
It's time to move on.
There's my life to be won.

My Heart is on Fire

Like a hook in my flesh,
thoughts of you
have anchored
in my mind.

Each time they twist and turn,
there's a sweet pain stinging,
and my nerves are singing,
making me burn.

Wild Heart

In my bosom,
my heart beats
in a slow trot.
Yet sometimes
it starts to canter
like all the wild horses
galloping through my dreams.
Where is the one
to tame my heart?

Spark of Sympathy

When we first met,
I was the girl with the red hat,
and she said:
"I wish it was mine.
Watch out, I just might
snatch it from your head."
Her grin was wide -
I could not help myself
but like her.

Search For Solace

Our earthly life
is designed
to end one day.
I know.
There is a promise
for eternal life.
I believe.
And yet:
That sudden pain,
when someone is gone,
who should have been around
a little longer.
My grief struggling
with my faith,
in search for solace.